Amigas y flores

Rosa Barasoain
Asurmendi

Colección: Tierra de Sueños
Título: Amigas y flores
Texto: Rosa Barasoain Asurmendi
Ilustración cubierta: Jone Taberna
Diseño: Fernando López

Primera edición: abril 2025

La Fertilidad de la Tierra Ediciones
Colección: Tierra de sueños
C/ Santa María, 115. 31272 Artaza (Navarra)
Tel. 948 53 92 16 info@lafertilidaddelatierra.com

Impresión: Graphycems. Villatuerta (Navarra)
ISBN: 978-84-948267-9-5
D.L.: NA 436-2025

Amigas y flores

Rosa Barasoain Asurmendi

Tierra de Sueños

A Nahia Uxua

Último fragmento

"¿Y conseguiste lo que
 querías en esta vida?
Lo conseguí.
¿Y qué querías?
Considerarme amado,
sentirme amado sobre la tierra".

Raymond Carver
Un sendero nuevo a la cascada

Amor verdadero

Daba todo por bueno en su vida
tanto el maltrato como la soledad
de manera que luego en el trabajo
se le colaban las faltas,
se notaba la ausencia de acentos
sobraban sílabas y caracteres.

Fue corrigiendo textos
acortando frases
encontrando las que le gustaban
como aprendió del amor
y volvió a la vida.
Lo hizo intensamente,
como de verdad se ama,
con tinta decidida
colores sobre blanco.

Como la vida

Tardé en tener amigas.
Mi barrio era pequeño
lo llenaban el río y la arboleda.
Era un mundo cálido y seguro
como las manos fuertes, limpias y suaves
de mi padre.
Con ellas nos hizo una casita
donde nadie quería llorar
para no entristecer a los demás.
Mi padre trabajaba mucho
viajaba mucho
cazaba, emprendía,
gobernaba
éramos su mundo no contaminado.
Guardaba en la casita el recuerdo
de mi madre, la bella;
éramos por ella sumisas y obedientes,
creciendo en una ingenuidad pasmosa.
Cuántos ángeles custodios
amortiguaron tantas espinas, tantas caídas,
incluso en sumideros escondidos.
La luz de mis padres siguió alumbrando
cuando me alejé en la noche
y a la luz de la luna mis amigas
parecían flores de cardo.
Luego elegí a las rocas.

Nunca nada parecido a un rebaño.
Todavía con ojos de tigre herido,
tuve amigas las justas,
las que saben, las que me entienden
las que también cambian y maduran
en las estaciones de la vida.

Arribar

Llegaste puntual. Exactamente el día D.
Venías en mi barca y en el puerto no había nadie.
Como pude arrimé la proa, abrí las piernas, respiré
todavía temerosa, primeriza, dudando de mí misma
y no del mar embravecido, ni de la noche,
ni del dolor.

Respiraba y respiraba como un navegar
de noche y sin luna.
Así me encontró la mañana, exhausta,
pero en la tarea.
Hasta que por fin hubo un movimiento,
afuera se lanzaron cuerdas,
botes salvavidas, llegó una bata blanca
y confusión...
En medio del desconcierto
supe que habías arribado
y eso me bastó.

Al despertar me dijeron que estabas bien.
Entre velas tendidas y maromas, pero a salvo.
Alguien te dijo: "no estás sola"
y lloraste un poquito.
Entonces te trajeron a mí, brazos abiertos,
boca en flor
directa a nutrirte de mis pechos
que manaron por ti de inmediato.

Y así abrazadas empezó
nuestra vida juntas en tierra,
tú en mi pezón
y yo en mirarte rosada y pequeña
dorada promesa de lo que ya eras
desde ese momento.

Soñé de niña que era un niño

Soñé de niña que era un niño
soñé que mis padres
no me querían tanto
como si fuera "él".
Soñé mi pelo corto, mis pantalones,
soñé mis veranos,
soñé que pintaba
el cielo de azul
soñé que iba a cazar con mi padre...
y entonces desperté.

Me despertaron
las palomas vivas
me despertó la muerte
el dolor, la ausencia,
me despertó la vergüenza
de un mundo de adultos
que jugaba con el rosa.
Me despertaron los libros
–los abría y los pintaba–
jugué con ellos a las amigas
como flores,
jugué a la soledad y descubrí
los tonos tan bellos del invierno.

Me despertó mi amado
con el brillo de su mirada.

Había llegado a mí en un tren verdadero
con mensajes para las diosas
–para cada una de ellas–
para ser el jardín y el jardinero,
para soñar juntos la amistad
repartida en todas las estaciones,
sin querer ser otra cosa
que niña, diosa o mujer,
como él niño, hombre o dios,
lo que, por suerte, ya éramos.

Amigas y flores

¿No las ves?
Están contigo, por todas partes,
te rodean y te quieren.
Algunas son pequeñas, cierto,
pero las diminutas
son precisamente
las más hermosas.

Tienes que pararte un momento
mirarlas, esperar que
con la claridad del sol
ellas se abran y luzcan sus pétalos
de luz y de color
sus estambres como joyas
sus aromas, sus voces...
Sí, también sus voces,
con las que cantan en coro.

Pequeñas y grandes.
Las de ayer y las que han surgido
sin saber cómo
en cada estación de tu vida.

Ave Fénix

A Teresa Izu, *in memoriam*

Ella me habló de un grano de arena.
Estaba en un pozo
con los malos recuerdos
la falta de afecto
el miedo y la angustia
convertidos
en una estrella negra
un inmenso desagüe
que la tragaba.
Fue entonces cuando rozó
con la punta de los dedos
de un pie
un grano de arena en el fondo
y a partir de ahí pudo erguirse
pudo alzarse y volver
hacia arriba
hacia la luz
como un ave Fénix.

Aprendizas

A Gemma Valencia, *in memoriam*

La amistad no tiene años.
Tuve amigas que me doblaban la edad
–yo tenía la de sus hijas–
otras me pasaban ocho, veintitantos años
no lo sé con certeza
porque era anecdótico, casual
como el color del pelo
o el tiempo que hace.

Lo que importa es la mirada
la voz, la alegría al vernos
la sinceridad
de compartir pequeñas
y grandes cosas;
nuestra búsqueda,
las preguntas, miedos,
soluciones que intuimos
y luego intercambiamos,
con risas y aspavientos
como si fueran
las cuentas recuperadas
de un collar incompleto:
el collar de la reina maga
que un día alguien rompió
y que nosotras,

ajenas a la brutalidad,
seguimos recomponiendo
como orgullosas aprendizas.

Amatxo

Tendremos que recrear las palabras
llenarlas de sentido
que cuando digas "ama" o yo diga "hija"
cambie el paisaje de nuestras caras
con el sol o la lluvia necesarias,
hasta que manos y brazos
vuelen al encuentro inaplazable
como la luna sabe del mar
y el viento de la montaña.

Tendremos que reinventar los verbos
que en nuestra voz
sea imposible el convencionalismo
la tibieza o la rutina,
que cuando digamos "te quiero"
sin sentirlo o con enfado
salte la voz de alarma en el planeta
y nos pongamos de inmediato a la tarea
a empezar por lo más próximo
por nuestro sentimiento, nuestra verdad,
nuestro miedo
y lo hagamos sin mirar al infinito
ni la meta, ni el qué dirán, ni la duda
hasta que, al ritmo del latido,
del día y de la noche,
recuperemos cada vocablo

cada frase, cada expresión,
en su magia verdadera.

A mi amigo mayor

A Noam Chomsky

Esta mañana vi pasar a una anciana,
vecina entrañable. Caminaba despacio
calle arriba, blancamente
frágil nube en la tierra.
Me ha recordado que viniste antes,
temprano hiciste aprendizaje y trabajo
dentro y fuera de ti mismo.
Conociste bien las humanas dificultades
en esta era consumista y avarienta.
Sabes incluso que estás a punto de marchar,
lo sabías y lo dejaste escrito:
nada es tan sólido ni tan eterno
que nos impida elegir y avanzar
y volver, y renacer.
Aún así me duele la llegada de tu nave
y quién sabe qué dolores
en ese desprenderse
gota a gota de las facultades.
Confío no ha de vencerte el silencio, amigo,
tras una trayectoria magistral,
humanista y comprometida,
internacional, generosa, consecuente...
Te escribo para no olvidar tu mejor lección:
ser pesimista lleva a dejar caer los brazos,
a ser colaboracionista

de lo peor que pudo no haber sucedido.
Has demostrado incluso cómo agarrar con fuerza
una esperanza que pasa al lado,
cómo elevarse en un sueño
sirve para descubrir a lo lejos
por dónde desbrozar caminos
hacia un mundo mejor.
Aquí y ahora, bien podré salvar las distancias
de la diferente edad, condición, idioma,
y abrazarte en la misma orilla global
agradecer tu luz y recoger con mis hermanas
y hermanos en esta causa
el testigo que nos deja tu obra:
sembrar la semilla de pacífica y profunda
revolución del optimismo.

En vez de banderas

A Menchu Lamas

Pintar es cambiar el mundo
centímetro a centímetro
darles color a los sentimientos
poner énfasis en lo entrañable
delatar al tirano interior
aplacar los miedos
y tender una mano en vez de banderas.

Ahí, también aquí y allí

Tengo un amigo también ahí,
en ese punto al otro lado de la esfera.
Miro el mapa redondo y
cualquier lugar olvidado y pobre
sé que una amiga lo cuida
pone una flor en una lata con tierra
y, si tiene una huerta, se alimentan,
dan gracias al Sol, a la Luna, al Agua,
a la Madre Tierra
y a las estrellas.

Ya no puedo olvidar ningún país
aunque ni sepa pronunciar su nombre.
Sé que son mis amigos, mis hermanos
y se aman con amores sencillos, y complicados.
Son músicos y cantan juntos
hacen ritmos con un palo, una tapadera
o un piano muy venerado.
Llevan nombres y traen recuerdos con ellos,
son restos de naufragios
de sueños cumplidos, de dioses, o de anhelos
que viajan por la sangre.
Mi hija me enseña que no hay razas.
Hay un Amalur en Costa Rica
y un gallego entre los jíbaros de la selva.

Ya no temo a los hombres
sino a los que renunciaron a su humanidad
a los que no son personas sino instinto y desatino.
Tengo un mapamundi de amigos y de amigas
cuidando cada palmo de esta casa Tierra,
una red salvadora trenzada con hilos fuertes
de acequias de barro, de semillas,
de rebaños bajo los árboles
de manos juntas y agricultura verdadera.

Mi amiga de Barcelona

Las mariquitas rojas comen pulgones
y las amarillas,
las pequeñas mariquitas amarillas,
¡comen hongos! ¿Lo ves, amiga?
Las lombrices excavan la tierra
avanzan con su boca que todo lo engulle:
vegetal, mineral, orgánico, todo pasa por ellas,
como un túnel de donde la vida
sale transformada, enriquecida, fertilizada,
¡nueva! ¡Es tan sencillo!
¡Es tan simple cuando mi amiga lo explica!
Cualquier problema que se cruza,
¡con ella lloro aliviada por tanta risa!
Amiga, hermana, *ahizpa*,
nada nos separa en la distancia
ni el tiempo ni el mar
ni la pena ni la noche
ni los puntos ni las comas
ni la muerte ni la alegre
dicha de estar vivas.
Cuando me asusto
solo tengo que pensar en ella
y a veces, incluso sin llamarle,
me llega su mensaje de luz
y entonces, ¡fíjate qué risa!
lo veo todo claro y se me pasa.

Niño en la aldea

Ha crecido como una avellana
sabio y pequeño todavía
redondo y dorado
como luz de la mañana.

Entre sus manos acaricia
partículas de tierra africana,
con ojos nuevos
las compara con las de su aldea.

Tan niño y ya ha volado,
ha navegado en barco y en canoa
junto a sus padres.
En su escuela de aventuras
ha visto monos y cocodrilos,
se ha admirado del papagayo
al verle pelar naranjas con el pico
y ha jugado con otros niños y niñas
hijos de un Sol milenario
relegados en otro idioma.

Preludios

Mi primera amiga
fue la soledad,
con ella jugaba
en espacios sin horas
luminosos, horizontales,
sin saber qué era la amistad.

Luego tuve amigas flores.
Cuando la tristeza, violetas,
cuando alegre, margaritas.
Aparecían en mi vida
como en la tierra nacen
las que se necesita.
Flores de cardo algunas
flores efímeras a veces
flores silvestres y
flores que cultivo
en mi jardín de soledad.
Flores de nieve
flores de lluvia
necesarias
para mis amigas hayas
para mis amigas playas
que no quiero que me falten
las fuentes amigas.

Padre Sol, madre Luna
y en los recuerdos, amigas flores
amigos robles, algunos,
que me acercaron al amor.

Qué me falta para vivir

Quiero beber y no hay vasos
quiero lavarme y no hay jabón de olor
no hay peine
las toallas están húmedas...
Puedo prescindir de todo,
y entonces llaman a la puerta.
Miro y es de noche.
Entro, espero, rehúyo escribir
pero si salgo y paseo
hasta los surcos del campo
tienen forma de poema.

Detesto ver esculturas que no me gustan
lo que añoro es tu cuerpo si te has ido
y si me abrazas pienso en otra cosa
en que te irás o en que disimulas.

Quiero bailar y se acabó la música,
víspera de lunes, han apagado los focos.
Me siento vieja y solitaria
como fui demasiado niña entre adultos.
Hoy los niños son ajenos,
los perritos tienen malos dueños,
África es grande y oscura
Europa está al Norte, pálida y fría.

Escribo rápido
y, aún así, vida mía, no te alcanzo.

La llamada

Escuché decir mi nombre
y la voz era amiga,
tan antigua que
pensé me llamaban
desde el más allá.

Luego sentí que esa voz
era nueva
tierna como un brote
y me di la vuelta
hacia la flor.

Pero no era la tierra
sino mi nieto
quien me llamaba
por mi nombre.

Amar es estar

Apareció mi niña como flor entre la nieve
no tanto por rubia como por recortada en la luz,
dudando. Miedosa no, dudando.
Me esperaba, y yo tardaba en llegar.

La vi aparecer en la esquina
como cuchillada en mi vida loca.
Corría hacia adelante y luego volvía,
esperándome y alejándose.

Tuve que fundir la nieve con mis brazos
pedirle y pedirme perdón
por mi falta de cuidado.
Tan preciosa. "Ven", le dije,
"no hay excusa para las tardanzas",
y era yo la que lloraba.

No dudes más, dijo mi corazón.
Amar es esto, ser y estar
en el momento. Con frío o con viento
puntual y atenta con tus hijos,
con la flor, los planetas, el canto,
y en cada paso y en cada nota,
en la danza y en tu interior.

Sencillamente amigas

La ves venir hacia ti
asomar su sonrisa por delante
inclinar su carita y
abrirte el corazón con un
"¡hola, amiga!"
como asomada a su cueva
de venerada Eulalia.
Con la veracidad frutal
de un pequeño albaricoque
naranja entre verde intenso
quiere ser tu amiga
y no lo esconde.
Por ese bálsamo para la timidez
quisieras regalarle una joya,
pero no cualquiera
–oro y diamantes le sobran–
sino aquélla, inolvidable,
hecha de momentos
cuando jugabas de niña a los tesoros.
Para dársela, coges su mano y ríes,
de la mano de nosotras mismas
y de las hadas.
Es en ese mismo halo mágico
donde ella puede desaparecer
de tu vida.
Será inútil llamarle, escribir,

todo lo que hagas o digas
solo creará desconcierto.
Sabrás que está bien,
"es lo que importa", dirás.
Ya te sucedió
con flores de nieve,
con jacintos que no lo eran
y con el otro lado del espejo.
Incluso estabas segura
de haber aprendido
a mirar la estela del cometa
sin aferrarte a su luz,
tanto si vuelve en un año,
como tu amiga,
como si la curva es de varios siglos
y ya no vuelve a coincidir
con tu elipse.

Desde este momento

La mañana es un charco gris
lleno de ruidos de tráfico
de roces y estruendos diarios.
Es fiesta y llueve.

En las barracas
entre el polvo y la nada
los niños comerán plástico de colores
mientras sus padres fingen un vivir
un mañana, un ayer, una tele apagada
–ese resquicio sin voz es tenue,
el fútbol grita más–

La noria se ha parado
convertida por la lluvia
en maraña de rutinas, inservible.
Silencio. Pido silencio
para empezar a romper los miedos
desde este momento.
Para aquietarlos,
para coserlos como trocitos de telas
de colores salvados del uso y el abuso,
crear con ellos una mullida almazuela,
alfombra de oración para ti, para mí
y para los que vengan
aunque sea fiesta y llueva.

Las raíces del rosal

Planté el rosal junto a la puerta
en un poco de tierra
entre el cemento y la piedra.
Con ilusión lo miraba
y lo regaba cada día.
Fue así como en aquella brecha
rebrotó una parra de esperanza
cortada por el anterior inquilino.
Pero el rosal no daba rosas,
no crecía, no estaba alegre.

Una vez dije que cuando me fuera
no volvería.
A todas os había escrito
"Volved, volved",
en los largos viajes que emprendíais.
Yo no me iba. Regaba el rosal,
lo cuidaba y no daba rosas.
Un día me atreví a escarbar
y descubrí sus raíces:
eran un puño creciendo hacia adentro
enfrentado a la roca profunda.
Tiré el rosal enfermo
y también yo me marché.
Ahora tengo rosales y rosales
treinta y tres más cinco parras

que nos dan fruta y sombra.
Las raíces de un rosal
no pueden crecer en la roca.

A cuatro manos

¿Rompí algo,
olvidé mis quehaceres
te dejé sola
entre mis poemas?
¿Cambié mi vida
por el vuelo en el papel?,
¿cambié mi soledad
y la tuya
y me dejaste ir
hacia mis sueños,
temerosos pero libres,
quedándote de pronto
como sin mis brazos?

Estaba allí, contigo,
pero no lo recuerdo.
En aquel entonces
tocaba los tambores
cantaba canciones mágicas
llenaba mi alma rota
con vendas de papel.
A mi lado, pequeña,
en silencio,
como jugando,
buscabas mi sombra
bajo el sol ardiente del mundo.

Todos pensaban que no
estabas, que no decías.
Solo yo te escuché un
"no me dejes".

Ahora hemos retomado
la excavación
de la tumba de la faraona,
desconocida, innombrada
después de haber sido tan poderosa.
Tú y yo lo sabemos,
pero como a Casandra,
decirlo solo nos traerá
más confusión.

Por eso callamos y me ayudas,
ahora ya con las dos manos, adultas,
a desenterrar el tesoro.

Mi maestra

Pocas letras en su nombre
palabras las justas en su voz
y, sin embargo, con qué fuerza
está ahí, mi amiga
de sonrisa larga;
con ella cuida el fuego
de la casa
cuida del huerto
y del jardín de su alma.

Con el agua discreta de su risa
lo riega todo de oro,
de mirra y de jazmín
porque sabe que no debe faltar
la ofrenda viva de cada día,
mientras sus retoños
a su lado, pero ya de paso,
ponen música a la dulce canción
que les cantaba
ya mucho antes de nacer.

Lactancia y flores

Pequeño universo

cuando tú duermes
el silencio se apodera de la casa

cuando sonríes
la alegría inunda mi corazón

cuando te ríes
la música desborda las paredes
y cae rebotando hasta la calle
como floridos
                    geranios
                        multicolores.

Razones para quererte

Te quiero.
Tengo una lista de porqués
y, además, no necesito copiarla.
Sé que es muy larga
y que a mi alma le alcanza.

Estaremos preparados

A Antón Patiño

Hablamos todos los idiomas
y ensayamos los futuros,
del petroglifo a las naves.

Solo son señales, mensajes
que en nuestra candidez
creímos eternos
cuando es solamente un libreto
un ensayo
que pasa de civilización
en civilización
pirámide o cuadro, cubos, frescos o pergaminos.
Palabras, volúmenes, pistas y señales
y, entre tanto, ese color.
Ese color del cielo,
del cielo, del mar y del bosque,
del bosque de miradas y manos amadas
que amamos y nos acompañan.

Amistad

Eres el rostro amable
que me abre su puerta

la voz confiada
que me pregunta y me cuenta

con el placer de compartir
de ayudar, de estar atenta.

Alegre y risueña
por las buenas nuevas
y por los recuerdos

por lo recuperado
y por los sueños.

Celebración

Como sabía
que te gustaba tanto
el merengue de la tarta
la esquinita te di,
para que lo tuvieras
por dos lados.

Cuántas veces lo he recordado.
También porque ya no supe qué más
ni cómo ni dónde regalarte
desde mi recién estrenada amistad.

Sentía no poder ofrecerte sino tristezas
y, apartada, no te mostraba ni te decía nada.

No comprendí hasta hace muy poco
que necesitabas lo mismo que yo:
sencillamente sumarnos
y que nunca
nada ni nadie nos restara.

Me enfadé

Me enfadé. Sí, lo reconozco
Me enfadé por tu distancia
por tus aplazamientos en venir
y arrojé a los dientes de mi gato
tu regalo, la mantita azul
tejida a ganchillo por tus dedos esbeltos.
Dejé que la mordiera
que la deshilachara un poco
que hiciera agujeros en el desencuentro
de parir a nuestras hijas
en distintos tiempos;
por ese contrapunto de la danza
de tus amistades y de las mías.
Dejé que rasgara tus trocitos de mar
–habías tejido en ella el mar para mí–
aquel mar que tú fotografiaste
y que yo pinté en la puerta
de nuestro piso, por dentro,
para que cada día saliéramos como sirenas.
Dejé que el gato transformara la manta
hasta hacerla pobre y mendiga de amistad.
Pero hoy he vuelto a esta playa real,
he venido con mi amor a Carnota
y te hemos encontrado al teléfono.
He recuperado tu voz y con ella
ya estoy preparando lanas blancas

para zurcir de olas tu manta de mar
y de nuevo esperar tranquila
reescribiendo el horizonte.

Amigas y algunos amigos

A María José Parejo

Almas en cuerpo de mujer
almas en cuerpo de hombre
en este reino cercano al celeste
clave para el animal y el vegetal
alambique del mineral.

Almas encarnadas, presentes,
almas laboriosas
que liban del sol y de la luz
y se nutren del néctar
del amor.

Para vosotras amigas y amigos
de la colmena humana
mis palabras son de cera pura
donde madurar la miel
de presente y de futuro
que nos hará renacer.

Mi amiga es fuerte

¡Y yo que la veía triste!
No lo sabía entonces,
que estaba dolida con la vida,
enfadada.
Luego supe de su herida,
¡había perdido a su hijo!

La vi sanar, crecer, agigantarse
y hacerse humana de nuevo,
con un corazón
que irradia de sus ojos,
de sus manos de *amatxo*, de *etxekoandre*.
Profunda como el bosque
como la huerta nutricia,
amiga fuerte que siembra
que abraza y lo da todo.

Su cuerpo es la primavera
en que ella nació,
con laderas donde se siega el heno
y fiestas de fuego bajo las estrellas.

Amiga del alma,
quien se detiene y contempla
tu risa de ahora

se asoma a la belleza
de los almendros en flor.

Hermano animal

En la semisombra del jardín
nos visitabas amigo gato
casi blanco salvo un negro punto y coma
al comienzo de la cola.
Vivías salvaje, mudo a los humanos,
discreto y esmerado junto a las rosas.

Hoy levanté tu cuerpo apagado
arrollado sin piedad por el ignorante
que te ha negado incluso el alma
y pretende hacer de tu muerte algo definitivo.
Hasta los rayos de la tarde
le desdicen y se entregan
como en un duelo
a acariciar agradecidos
el regreso de tu ágil silueta
ahora intangible y transparente a un tiempo,
apenas un leve temblor en el aire,
perfilada en los tonos vivos del paisaje.

Para abonar la tierra

La tristeza es una cortina
de franjas verticales,
densas y frías ante los ojos,
como algas muertas.
Quiero apartarlas con fuerza
de mi paisaje,
como a telarañas,
con las manos
con la risa
con música y canto.
Pero cuando me descuido,
vuelven.
He aprendido su mensaje:
es tiempo de mirar
hacia adentro
y así lo hago.
Luego, escribo en ellas,
como en un lienzo,
para que toquen tierra
y se conviertan
para todas
en una pradera
rebosante de flores.

Ensayo general tras el incendio

Ascendíamos por peldaños de roca,
rosario de granito con destellos rosas,
hacia la cumbre donde todo se ve claro.
En esa calma me pediste inocente un poema
y yo repliqué con un grito, como aterrada.

¡No sabes cuántos amores he matado con el miedo!
Maté el recuerdo de mi madre
y al amor a mí misma,
maté al tiempo y a otros que acudieron antes a mí,
el miedo fue mi arma mortal
y de miedo estoy herida.

Me pedías unos versos y yo entendía
que debía extraerlos batiendo mi sangre
hasta hacerla un denso fluido blanco
una tupida y fuerte vela para alejarme con el viento
del horror de perderte y de la pena.
Caminabas delante y todo me recordaba
que ya fue así otras veces,
ya antes pisé este mismo camino incierto
que me acercaba al paraíso sin yo saberlo.
Una y otra vez, como en un ensayo repetido
en otras vidas.
También la montaña se esfuerza,
intenta desprenderse de toda la arena

de las vetas débiles y quebradizas
para transformarse en formas puras y perfectas.

Quiere el monte do Pindo acercarse a los ángeles
y forma pétreos rostros que se besan,
tiernas alas, largos dedos y cuerpos que se aman.
No se inmuta la montaña por el infierno
que la ignorante avaricia prendió en la noche.
Otros seres ya humanos
han replantado y siembran sin dudas
de la mano de la lluvia y de la esperanza.
Ahora lo sé: o el amor o la nada.

También lo sabes y me muestras el agua.
Bendices tu frente y de nuevo lo intentas.
"Coge del agua curada por tantos soles y lunas".
Lo hago y comienzo a escribir desde el alma.
No será mi sangre batida al extremo
será el sentimiento
de que Dios me regala en tus ojos
para que te ame y me quiera
con la fuerza reiterada de las rocas,
desde este jardín renacido de las cenizas
verde discreto de laureles, de pinos tiernos,
junto a oscuros troncos que resistieron,
acebos seculares, escobizos, helechos suaves
queirugas y *carqueixas*, marrubios y juncos.
Persevero y, como tú, miro al cielo
como las rosadas rocas que aspiran a volar.

Ensayo general es la historia
de los seres de uno y otro reino
y el nuestro es todavía ser, por fin, humanos.

Como en un vuelo el recuerdo

La garza en el pretil del puente
ha iniciado su vuelo
con tanta fuerza
como largo y delicado
su movimiento
descendente
hacia el río.

El recuerdo de mis amigos,
los llevados
muy jóvenes
por los dioses
y los lejanos,
aletea en mí
en ese instante.

ÍNDICE

Imprimatur

Este libro vio la luz
en abril, cuando las flores
nos saludan un año más.